APPRENDRE EN S'AMUSANT

Je reconnais

Les coquillages

Éditions Jean-Paul Gisserot

– Eh, Maëlle ! Viens voir ! Il y a plein de coquillages sur la plage !

– Oui, Antoine! La mer en se retirant à marée basse, a laissé sur le sable des algues et des coquilles de toutes les formes et toutes les couleurs…

– Papa ! Tu nous expliques ce que sont ces coquillages ?

– Oui, les enfants. Toutes ces coquilles, laissées sur l'estran* sont les squelettes d'animaux qui vivent dans la mer : les coquillages. Ce sont des mollusques, comme les escargots qui se promènent dans le jardin de notre maison.

– Mais, papa, ils ont des formes très différentes les unes des autres !

– Oui, il y a beaucoup de sortes de coquillages. Venez voir ! On trouve des gastéropodes, ces coquillages qui « marchent sur leur estomac », comme les escargots, et il y a les bivalves, composés de deux coquilles. Je vais vous montrer !

* C'est la bande de sable découverte par la marée.

Les gastéropodes

– Papa ! C'est quoi, ce chapeau chinois ?
– C'est une *patelle*, Antoine. On l'appelle aussi bernique. Le bord de la coquille prend la forme du rocher sur lequel elle vit et paraît soudée.

– Et comment mange-t-elle ?
– Elle broute les algues en se déplaçant comme un escargot sur le rocher. Pour revenir à son emplacement de départ, elle suit la trace de bave qu'elle a laissée derrière elle.

– Maëlle, papa ! Venez voir ! Des escargots de mer comme ceux qu'on a mangés hier avec de la mayonnaise !
– Antoine, dit Maëlle, ce sont des *bulots* ! Mais ces coquilles-là sont vides.

– Les bulots, les enfants, sont parfois aussi appelés *nasses*. Ils vivent enfouis dans le sable ou dans la vase. Ils mangent des restes de poissons ou crustacés morts qu'ils trouvent au fond de l'eau. Quand leur coquille est vide, de petits crabes sans carapace appelés *bernard-l'hermite* peuvent s'y installer et en faire leur maison.

– Oh ! Cette coquille est argentée à l'intérieur !

– Non, Antoine, elle est nacrée ①. C'est une coquille d'*ormeau*. L'ormeau est un mollusque comestible très fragile et très protégé. On n'a pas le droit de le ramasser n'importe comment. Il se nourrit d'algues qu'il cueille à l'aide de sa langue râpeuse…

1

2

– Papa, pourquoi y a-t-il des trous dans sa coquille ?

– Et bien Maëlle, ces 7 trous permettent à l'ormeau de filtrer l'eau de mer absorbée par sa bouche. Aussi, on appelle parfois l'ormeau : oreille de Saint-Pierre ou oreille-de-mer en raison de sa forme. En Méditerranée, les ormeaux sont plus petits et plus ridés ②.

– Papa, regarde ces coquillages en forme de bonnets ! Ils sont tous collés les uns aux autres !

– Ce sont des *crépidules*, Antoine. Ce coquillage est arrivé en Europe collé sous la coque d'un bateau, juste après la Seconde guerre mondiale. Il vit collé à ses congénères. Le plus âgé, en bas, est une femelle ; les autres sont des mâles. Comme l'escargot, il est hermaphrodite. C'est-à-dire qu'il change de sexe au cours de sa vie.

– Et on peut les manger ?

– Oui, Maëlle, dans le nord de la Bretagne, on commence à en manger. Il paraît que c'est délicieux. Heureusement, car ils commençaient à être envahissants !

– Oh, papa! Des bigorneaux de toutes les couleurs !

– Non, Antoine. Ce ne sont pas des bigorneaux mais des *gibbules*. Il y en a plusieurs espèces et elles sont très décoratives avec leurs stries colorées ①. On trouve des chevrons ②, des damiers, des crénelés… Et regardez ! La forme de l'ombilic change aussi. Il peut être large, étroit ③… ou tout à fait inexistant ! ④

–Antoine ! Maëlle ! Venez voir ! Des *grains de café*. Aujourd'hui, c'est assez rare d'en trouver. Mais votre grand-oncle Jean-Paul raconte, qu'au milieu du siècle passé, les enfants en cherchaient dans le gravier et entre les rochers, comme des petits trésors. Ils appartiennent à la famille des Trivia, voisine de celle des porcelaines. Ils mesurent environ 1 centimètre de long.

– Papa ! J'en ai trouvé un rose !
– Et moi un brun !
– Les « vrais », les enfants, ont trois taches brunes sur le dessus.

– Cette fois, papa, c'est un bigorneau !

– Oui, Maëlle ! c'est un *bigorneau noir*. Il a une coquille enroulée à fines rayures noires, en spirale. Vous les trouverez accrochés aux rochers là-bas, juste sous le goémon, ou varech. Pour l'apéritif on va prendre les plus gros, bien noirs ①.

– J'en ai trouvé un tout jaune !

– Ce n'est pas un bigorneau noir, Antoine, mais un « escargot de mer » de la même famille : celle des *littorines* ②. Celles-là, on ne les mange pas, on les laisse aux goélands ! Il en existe aussi des orangées. Lorsqu'elles sont vides, on peut aussi en faire des colliers colorés.

– Celui-ci, on dirait une mèche de perceuse !

– Oui, Antoine, on l'appelle *turritelle*. On peut trouver sa coquille, vide, sur les fonds sablonneux ou vaseux. Elle a une forme de tour en spirale. La spirale fait 12 à 20 tours et s'épaissit vers l'ouverture. Elle peut mesurer jusqu'à 6 centimètres de long.

– Et ça, papa ?

– Maëlle, où as-tu trouvé ce coquillage ?

– Euh…

– Sur cette plage ???

– Non, papa, je l'ai pris dans un tiroir, à la maison…

– Je comprends mieux ! c'est un *cône*. On n'en trouve qu'en Méditerranée. Il se cache pendant la journée dans le sable ou entre les rochers et, la nuit, se déplace pour se nourrir. L'ouverture est en biais.

Les bivalves

– Ceux-là, on dirait des papillons !

– Non, Antoine. Ce sont des coquillages bivalves appelés *tellines*. Comme tous les bivalves, leur coquille est composée de deux moitiés (valves) attachées par une charnière.

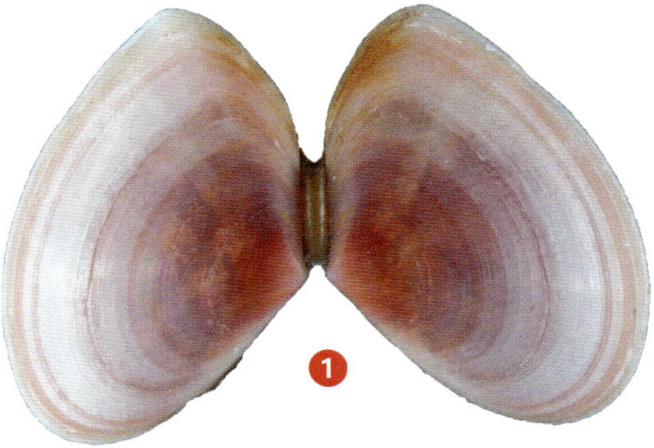

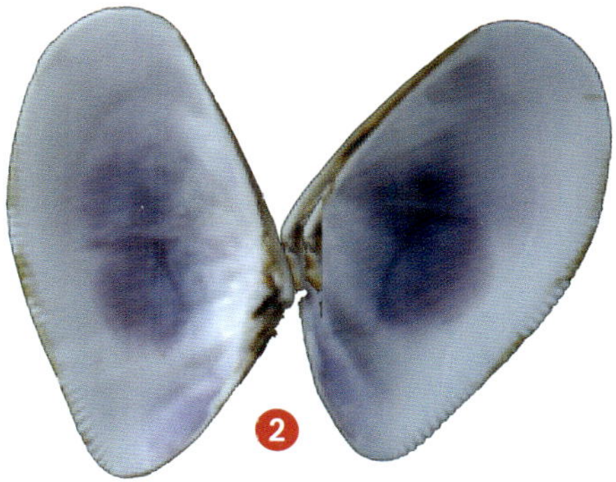

– Et ce coquillage-là, c'est une telline aussi ?

– Voyons, la telline ① est très fragile et un peu aplatie. Sa couleur va du blanc au rose sombre, en passant par le jaune. Et celle-là, c'est une *donace* ②. On la reconnaît à ses bords dentelés, et à son intérieur violet.

– Papa ! J'ai trouvé un éventail !

– Non, Maëlle, c'est le couvercle d'une *coquille Saint-Jacques*.

– Comme celles que l'on mange chez mamie ?

– Oui. La noix, c'est le muscle qui sert à ce coquillage pour se déplacer. Ses valves sont inégales, regarde bien ! La valve supérieure est plate et l'inférieure est creuse. Ce coquillage appartient à la famille des peignes (pecten en latin)…

– En latin, comme du temps de mamie ?

Non, Antoine, le latin était la langue des romains, utilisée bien avant la naissance de mamie ou même celle de ton grand-oncle Jean-Paul. Elle sert encore aujourd'hui pour désigner les animaux et les plantes par leur nom scientifique.

1

– Alors, j'ai trouvé un pecten papa ?

– Oui Maëlle, la coquille Saint-Jacques est une *Pecten maximus* ①, l'un des coquillages les plus beaux et les plus colorés.

– Maximus ? Comme mon copain Maxime, en grande section ?

– Non Antoine, maximus veut dire très grand en latin. Ce coquillage est plus grand que les autres espèces de pectens, comme les *pétoncles* que voilà, dont la coquille est bombée des deux côtés.

Là, tu vois ce sont des peignes plus petits. Ils portent divers noms comme Patte de chat ② ou Distordu ③.

2

3

– Hmmm ! Des *paloudes* ! On les ramasse pour les préparer avec du beurre, du persil et un peu d'ail, papa ?

– En effet, Antoine, on pourrait. Ces bivalves à la forme allongée, avec des stries bien marquées en cercle, sont bien des palourdes. Elles vivent enfouies dans le sable, à dix centimètres environ. On les repère grâce aux deux petits trous qu'elles laissent en surface. Pour les ramasser on gratte le sable avec une griffe en fer. Mais, attention, il ne faut pas les ramasser quand elles sont trop petites ! On se renseignera au port sur la taille réglementaire.

– Papa ! Celle-là est ouverte !

– Tu vois, Maëlle, si l'extérieur est gris cendré, parfois ocre, l'intérieur a une couleur généralement pâle. On les différencie par la teinte de cet intérieur pâle : palourde rose ①, palourde bleue ②, palourde dorée ③, palourde violette ④.

1

3

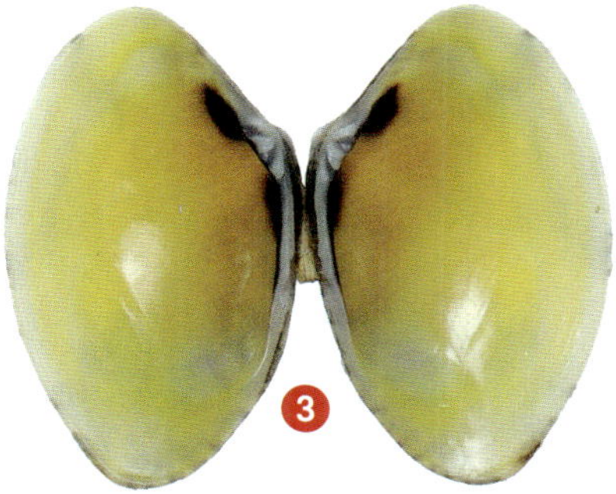

2

4

– Oh ! Qu’il est beau ce coquillage, papa ! On dirait qu’il est en porcelaine peinte, avec toutes ses zébrures en ocre-orangé.

– C’est une *amande de mer*, Antoine. Cette coloration fait que l’amande ne peut pas être confondue avec un autre coquillage. Comme la palourde, elle vit enfouie dans le sable. Comme elle, on peut la manger aussi, mais elle est plus coriace et moins goûteuse. Elle peut faire jusqu’à 8 cm de large.

– Ça, je sais ce que c'est ! C'est une coque ! Elle est bombée, blanche, avec des gros traits. On en a mangé l'autre jour.

– Bravo Maëlle ! Pour les traits, on dit qu'elle est cannelée ①. Elle vit en colonies sur le sable fin ou en eau saumâtre, c'est-à-dire près des estuaires des fleuves. Il ne faut pas la confondre avec le *cœur de bœuf* ②, qui lui ressemble mais est souvent beaucoup plus gros et a des épines.

1

2

– Papa ! Voilà encore des palourdes !

– Non, Antoine, regarde ! Les stries sont différentes, avec des rayures, la coquille est plus rugueuse, comme si elle était recouverte de verrues. Ce sont des *praires*, aussi appelées Vénus à verrues. Les goélands adorent les prairies et les lâchent en vol au-dessus des rochers pour casser la coquille avant de les manger.

– Mamie aussi aime beaucoup les prairies. Mais elle les ouvre avec un couteau.

– Ah, quel beau caillou !

– Maëlle… regarde bien… Ce n'est pas un caillou mais une *huître*. C'est un des coquillages les plus consommés par l'homme depuis la préhistoire. On en élève dans des parcs dits ostréicoles, mais elles vivent aussi à l'état naturel. Il y en a de nombreuses variétés. Les plus courantes sont les huîtres creuses ①, que l'on reconnaît à leur coquille composée de lamelles superposées comme sur un mille-feuilles et les huîtres plates ②, arrondies et très aplaties.

– Papa, je voudrais des frites !!!!

– Des frites ? Ah.... Je comprends. Tu as vu ces *moules* accrochées au rocher ! Elles vivent en grappes et le filament par lequel elles s'accrochent s'appelle le byssus. Comme les huîtres, on les trouve à l'état sauvage sur les rochers, ou élevées par des... mytiliculteurs qui les font grandir accrochées à des pieux en bois plantés dans le fond de l'eau : les bouchots.

– Et elles se nourrissent comment ?

– En filtrant l'eau de mer. Chaque jour, une moule filtre 20 à 25 litres d'eau pour se nourrir du plancton microscopique qu'elle contient.

– Et bien, moi, je n'aurais plus soif si je buvais autant d'eau !

– Attention, Antoine ! Tu vas te couper ! C'est un *couteau* !

– Maëlle ! Arrête de taquiner ton frère. Ce coquillage est bien appelé « couteau » mais juste parce qu'il a la forme d'un manche de couteau. Il n'a pas de lame. Ce bivalve mesure de 10 à 20 centimètres et s'enterre dans le sable. On le repère à marée basse grâce aux petits trous qu'il y forme pour guetter le retour du flot. Si vous voulez le faire sortir de sa cachette, il faut verser soit un peu de sel fin dans le trou, soit un seau d'eau de mer ! On peut manger les couteaux, après les avoir fait cuire. Venez les enfants, il est tard, on rentre à la maison.

Alors, avez-vous tout retenu ?

1. Quel coquillage ne coupe pas malgré son nom tranchant ?
   - ○ l'huître ○ le couteau ○ la coque

2. Qui lance les praires sur les rochers depuis le ciel pour les manger ?
   - ○ mamie ○ le grand oncle Jean-Paul ○ les goélands

3. Que mange-t-on traditionnellement avec les moules ?
   - ○ des algues ○ du steak haché ○ des frites

4. Les bigorneaux se trouvent surtout à quel endroit ?
   - ○ sur la plage au soleil ○ dans les champs ○ sur les rochers

5. Les crépidules ont une forme :
   - ○ de crêpes ○ de bonnets ○ d'oreilles de papa

Réponses : 1. le couteau. 2. les goélands 3. des frites 4. sur les rochers 5. de bonnets

Merci à Franck Merlier pour la photo des pages 2 et 3.

Merci à Michel Le Quément qui a autorisé photographier sa collection de coquillages.

 Ouvrage imprimé par Pollina, Luçon 85

n° d'impression - 41674 Imprimé en France

IMPRIM'VERT®

PEFC 10-31-2065